JN439205

베토벤 1악장

배제형 시집

교음사

시인의 말

자연을 스케치하며
사랑을 노래하는 삶 속에서
시가 걸어 나왔다

때론 마음이 울적할 때
무슨 숙제처럼 명치끝에 걸려
견디기에 어려움도 있었다

때를 따라 주님 위로에 힘을 얻고
하나님의 음성을 듣고 주님 원하는
곳으로 가고 있다

이 시집이 나오도록 창작기금에 애써 주신
이민호 선생님과 좋은 책 만들어주신
교음사 강병욱 대표님께 감사드립니다.

2020년 7월 숙호산방 화실에서 배제형

| 베토벤 1악장 |

차례

1. 가슴에 흐르는 사랑

2. 그리움에 말을 걸까

3. 마음 깊은 곳에

4. 계절을 사이에 두고

5. 자연에 숨 쉬다

1

가슴에 흐르는 사랑

생각이 짙어질 때

그녀 생각 그림자만큼 짙어질 때
마음을 흔들어 놓았지

밀려드는 마음 견디기
힘들어 나는 말하고 싶어

마음속에 담아 둔 말
그녀에게 전하고 싶어

실낱같은 그리움이 커서
그대 마음 아름답게 익어
가는 삶이라

어느 시인에 가난한 사랑처럼
살고 싶다

나비의 꿈

아직 터지지 않은
꽃망울처럼 꿈을 꾸고 있다

어긋난 인연의 몹쓸 사랑
꽃 한 송이 꿈을 심고

세월은 흘러가도
늙은 나비라고 부르지 않는다

늘 볼수록 젊은 청춘
맺은 인연 이별 없이 일생을
훨훨 즐기며 살아간다

젊음의 청춘

연분홍으로 익은
너를 보고 있노라면

풍선처럼 터질 것 같은
기억 무딘 마음을 시공에
날려 보내고 싶어

붉게 익은 마음은 언제나
부푼 꿈에 젖어 있다

꿈

텅 빈 자리
일장춘몽 한 접시

시공에 허공
한 접시 올리다

오늘 밤
마음껏 포식하겠네

베토벤 1악장

내 가난한 노트에
이 밤을 읽는 귀뚜리가
베토벤 3번 1악장을
낭송 곡으로
부르고 있다

조각달 서쪽으로 몸
기대니 잠이 오지 않는 밤

즐겨 부르는 노래를 언제까지
연주할지 흔들리는 가슴에
머리 묻고 생각해 본다

고백

말 못 할 연정을
써 내려간다

당신은 읽을 수 없는지
심중에 있는 그 말 한마디

그녀 눈망울에 맺혀진
아련한 모습 눈빛으로
표현하지 못한 가을 편지

가슴 콩닥거리는
심장에 맥박은 시간을 지워가고

가슴에 아로새긴 고백
마음속에 새겨둔다

하얀 마음

그 사람 백옥처럼
하얀 마음으로 오는지

하얀 공단으로 반짝이는 그대
춤사위로 나를 유혹하는

비단 색깔 어찌나 아름다운지
다가오는 당신
함박웃음으로 마중 오나 보다

오랜 기다림으로 오는
시바타 도요 할머니 시를 보는 거 같다
하얀 마음으로

갈매기

날갯짓
하늘 바람을 가르다

하늘 헤집고
내 심장을 관통한다

싸늘한 입김 피어나고
고난의 등뼈를 어루만지고

울음까지도 슬프게
그 누구를 부르는 소리

깊은 꿈 하나
먼 하늘로 띄워 보낸다

내 마음

눈 뜨고 보아도
세상은 여전한데

빈 마음 허공에
매달린 깃발처럼 펄럭인다

십자가 사랑

고난에 떡으로
감사했던 주님이여

그 짧은 생애에도 일상을
사랑했던 당신

좁은 길 천국을 사모하고
가난했던 당신은 진정으로
행복했던 삶이었습니다

주님 심령에 묻어나는
따스한 십자가에 호흡입니다

두더지

비좁은 전세 땅굴 집
우글우글 모인 식구들

땅거미 덮인 긴 터널 같은
삶 촛불이라도 켤까

이토록 숨은 유배 된 땅

꽃향기

마음에 쌓인 흔적이다

울컥 터지는 진한
사연 가슴에 다가와
내 마음에 등불이 되었고

초롱초롱한 그의 삶은
태양처럼 희망으로 밝아 오겠지

가슴에 흐르는 사랑

만나고 헤어지는 것은
거문고 소리 같은 사랑이다

한가락 음률 같은 아름다운
인연 내 마음 어찌 알랴

기다림으로 그대 가슴속에
모락모락 피는 연정을

다홍색으로 수놓은 입술로
다가온 긴 세월
그녀 사랑은 이슬이 맺히고

이토록 가슴 여민 그대 입김으로
모자이크한 슬픔이 눈물 되어 떨어진다

구월에 비친 그대

화장 냄새에
가슴앓이하는 시인에 가슴속을
파고 들어오다

빗소리는 허공에 떨고 있는
그대 심장을 노크한다

마음속에 들어있는 그리움을
그대에게 전하고 싶어

탐스럽게 웃는 모습으로
만나고 싶은 그 사람

노송

허기진 하늘을
깔고 앉아 있다

신선처럼 빙그레 웃으며
늘 푸르게 세상 걱정 지우고

구불구불 흘러가는 시간
실지렁이처럼 목마름에 자유

청량한 이파리에 걸터앉은
세월 그 자태가 늠름하다

유월의 낭만

바람 따라 살아온
어느 날 날개 파닥이며
성숙해지던 날

거친 세상 말없이
찬바람 맞으며 살았는데

추억에 싱싱하던
너와 나 유월 물든 자애로운
모습 여기 머물고 싶다

어느 날

이별 되어 읽지 못한
상현달 뜨던 밤에 구슬픈
노래가 허공을 찌른다

투명한 기억 속에 잊고 지내온
흔적은 안개 속에 묻히다

만나지 못한 풍경

낭만을 외치고
유토피아를 꿈꾸며
정처 없이 흘러만 가다

아름다운 밤 월광곡
울릴 듯 한적한 그곳에
풍경 펼쳐질 듯

자작나무 해맑은
몸짓 하얀 그리움이
풍경으로 다가오다

가슴에 안았던 풍경 속에
뭇별이 쏟아지다

2

그리움에 말을 걸까

임의 진혼곡

조국 없이 살 수 없는
그 생각은 한평생의 아픔이다

그의 육신 허공에 잠들고 꿈속에
보고픈 눈물겨운 세월이라

하늘에 울려 퍼지는 소리는
잠들은 영혼위에 꽃을 피우고
통곡처럼 쏟다지는 장대비는
임의 진혼곡이다

당신들 때문에

*6·25전쟁으로 희생 되신 아버지를 위한 진혼곡

독도는 우리 땅

몇 억년을 울부짖으며
고요히 그림을 그린다

파도가 철썩철썩
언제나 멈추지 않는
수많은 세월 이어온
조각상 독도를 만들었다

후손에게 물려준 위대한 땅

그 놈들 헛소리하는 일본
이웃사촌일까 걱정스럽다

담쟁이

오선지에 멜로디를 쓰고 있다

이 땅에 살아남은
최고의 작곡가가 가을을
조용히 음표를 그려내고 있다

멜로디를
아름답게 그려 내는 예술

가파른 벼랑에 그려 내는
하이든 고별 교향곡을
쏟아내고 있다

욕심

준 적도 없고
받은 적도 없으니

에라 이 도둑놈아!
정치는 모두가 도둑이다

언제나
역사에 도둑이다

마음의 편지

그립던 모습들이
추억으로 피어 나오다

뭉클한 마음
노출되어 멀리 보이고

흐릿한 시간 가슴에
남기고 답답한 세상을
마음속에 흘려보낸다

마음 졸이던 그 사람
미래를 향해 반가운 모습
손 흔들고 있을까

동행

진주처럼 귀한 사랑을
품고 가리다

그대 기억 희미해질 즈음
당신이 남긴 사진 한 장 쥐고서

따스한 모습을 떠올리며
가슴 허물고 함께하리

구겨진 사랑 외면하면
칼릴 지브란을 생각하며 당신이
나의 전부라고 말할 것입니다

함께 나누었던 사랑
더듬어 가며 갈 것입니다

애타는 사랑

멀리 떨어져 있는
아픔은 그대를 생각합니다

당신이 먼 거리에서 나를
바라본다면

한 번도 안아 본 적 없는
당신 앞에
여전히 흔들리고 있지요

어느 땐가 그대와
이별해도 입 다문 채
노래할 수 없는 그리움으로
남아 있을 것입니다

추억일까

여간 가라앉지 않는 연정
내 육신을 울리고 붉게 피는
그리움 점점 부풀어 오르다

그대와 나 하나 되어
우리는 고집을 묻는 밤

사랑을 물들이며 터져버린
석류처럼 알알이 익어 가는 날

속절없는 시간 마음
다 풀어 놓고 식지 않는
열정의 붉은 밤을 태우면서

봄이 오는 소리

바이올린 소리에 봄은
깊어만 간다

파가니니 멜로디는 살아나고
나뭇가지 피는 잎새
보랏빛으로 아름다워라

감미로운 향기
빗방울 음계를 어루만지며
창밖을 넘나드는 기쁨

봄 향기 채우는 음색
들어도 다시 듣고 싶은 봄이
오는 기쁨에 소리

내 안에서
겨울은 가고 희망에 봄은 오고 있다

그대 품에서

그대 차디찬 눈빛
일렁이고 들뜬 마음 반겨주는 밤

그녀 붉게 핀 입술 립스틱
밤을 삼켜버렸다

끝나지 않은 일상 울컥울컥
올라오는 시심에 그대 품에서
시를 쓰고 싶다

바람의 손을 잡고
마음은 어둠이 가로막아
밤도 잊고 헤매는지

사랑하는 그대 나에게 와
꼭 좀 안아 주렴

기도

그 사람
눈동자 속에 여린 그 모습

천국 문 앞에서 주님
뵈올 날 머지않아

꽃에 취하고
그리움에 취하여

언제나 보랏빛 새벽에
기도로 몸부림 치고 싶다

그리움에 말을 걸까

그대 목소리는 허공을
맴도는데 목이 쉰 바람은
내 귓전에 맴돌고 있다

그리워하다 열지 못한
마음은 세월에 지우고 남은 흔적
사랑이라는 글자만 남았다

그대 보고픔 돋아나고
기다림 속 그대 웃는 모습
그리다가 아쉬움만 피어나다

아슴푸레 기억에 자리 잡은
그리움 말라가고 눈시울은
이슬에 젖어 있다

그리움은 익어가고

소리 없는 울림이
미소로 환히 밝히고 있다

붉게 상기된 그녀
가슴에 못다 한 사랑
눈시울이 붉었다

뭉개지는 세월 속에
그리움은 허기지고

눈물 같은 그리움도 있지만
내 삶 속에 외롭지 않은
사랑은 의미가 있다

그대 언젠가
기억에 남는 풋풋한 사랑으로
살아가고 싶다

희망

구름 속에 지나가는
달님 장난기 많은
내 애인 같다

온갖 그림 다
그리다가 바람이 손짓하며
이 산 저 산 소풍 놀이 간다

꿈꾸는 세상

이름 없는 들꽃 카메라에 홀리고
목마른 지난날은 앵글을 잡고
희망의 버튼을 누른다

무거운 발길 시야가 그을릴 때까지
조리개는 닫히지 않고

기어가는 삶을 허리춤까지 차오른
낡고 지친 밤이다

피사체에 내일을 꿈꾸고 세상 속에
습관처럼 버튼을 누르고 누른다

나의 일기

흐릿한 아침 마음에
창을 조심스레 닦고 있다

제멋대로 생긴 삶
세상 언어가 정돈되어 가고

아무도 알지 못하는 토담집
높이만큼 쌓인 생각 밤을 알린다

창을 열면 자연의 소리
서서히 잠에서 깨어나다

삶이 닳아 남지 않을 때까지
이야기가 끝없이 이어지고 있고

현충일

6월은 돌아오지 않는
그분은 꽃이 되어 왔다

아버지 어머니께
다녀오겠습니다 인사도
없이 떠나간 사람 70년 만에
하얀 나팔꽃으로 돌아왔을까

6월 잠시 하던 일 멈추고
나라에 메아리가 된 아버지

하얀 나팔꽃으로 외치고
싶을까
한번쯤 생각 해보자

아! 이 땅에 전선의 선혈이
유월에만 있을까

작은 소망 하나

먼 훗날 그대 곁에 함께
한다면 사랑에 노래를 부르리라

덩그러니 혼자라면
고독이 어깨를 누르고

맑은 미소로 그대 혼자
건너온 세월 이보다 더한
즐거움이 어디 있을까

인생길 힘들 땐 기대주고
아플 때 곁에 있어 준다면
오늘도 내일도 행복할 거야

타향살이

사립문에 달이 기울면
마을 갔던 호롱불이 희미하다

바람 나부끼는 소리
굳은살 박힌 문지방 손때
묻은 자국 빗장을 열고 싶다

새벽녘 부스스 깨어나는 몸
마루에 걸터앉아 눈만 깜박이고

봉창 넘어 들어오는 어둠이
길을 물어 오면 녹슨 대문
손잡이 달린 집이라고

3

마음 깊은 곳에

내 가슴에

세상 빈자리 그 사람은
돌아오지 않았다

바람 불어오는
먼발치 아련한 모습
은빛 물결 위에 그리움이
둥둥 떠다니다

잠시 떠난 마음
잊을 수 없는 사람

때론 작은 가슴에
깊이 묻어 둔 그 사랑

그대는 향기

새싹처럼 밝게 보이는
당신에 설렘
어느새 봄이 요만큼 왔나 보다

고운 미소 사랑을 하고 싶은
때가 있어 상큼한 과일 향 같은
그대가 너무 좋아

그대 눈빛에 파묻힌 그 사람
바라보며 허공에 자국을 남기며
시를 쓰리라

바다

파도가 숨을 쉴 때
그대 생각 여전히 진행 중이고

기억은 파도에 침몰되고
그리움으로 떠도는데

저 꿈틀거리는 모습
해체되지 않는 기억
한 페이지로 흘러간다

소망으로 쌓여 가는
시야에 들어온 풍경이
아름다운 하루이다

무한한 재산

알 수 없는 세상
눈앞에 아롱진 풍경
희망에 길이 보인다

출구 찾지 못한
그 사람처럼 풀지 못한 생각은
눈앞에 행운이 보이고

그대 나를 부를 때
그 목소리는 바람에 흩어지고
시간은 영원한 재산이다

대보름 달집

가슴을 다 태워
버리고 뽀얗게 내려앉은
내 누이 같은 얼굴 보고파

정수리부터 발끝까지
아픈 육신을 가다듬다

활활 타오르는 모습
불꽃은 꼿꼿이 세우고
귀한 목숨 피고 있다

나의 하루

온갖 바람이 되고 싶다

꽃을 보면 살짝
왔다 가는 나비처럼
시선을 남기고 싶어

이름 없는 들꽃 바라보며
이메일로 보내는 대화처럼
남기고 싶다

블랙박스에 아름다운
영상을 남기며 구름처럼 살고 싶다

반성

온갖 더러움을
말없이 닦는 너

때 닦는 너를 바라보면
한없이 부끄럽지

내 마음 언제나 닦고 싶다

가슴에 묻어 두다

말없이 건네는 눈빛 첫정
설렘처럼 머물지 못하는 마음

그대 야윈 그리움에
사랑만 커 간다

가슴에 하얀 그리움 하나 안고
눈물 같은 기도로 함께 한다면
그대 꿈 하나 안고

그대 머물지 못하는 가슴에 새겨진
보고픔을 찾아 헤매는 바람

바람도 시린 사랑을 아는지
여인에 치맛자락 매달려 흐느낀다

마음 깊은 곳에

심장에 뛰는 맥박은 그리운 마음
묻어 둔 가슴속에 가득한 열정

파도에 부서지는 파노라마처럼
추억을 남기고 간 사랑은 너무 크다

가슴속에 여린 그리움이
꽃향기처럼 내 마음 깊은 곳에 맴돌고

언제나 허기진 마음은 그대가
나의 사랑이기 때문이다

사랑은 라벤더 향처럼

애타는 마음 때문일까

젊음 청춘 꽃처럼 피어나는
그대 모습 TV에 나오던 날

창백한 얼굴 지우고
서로 꿈을 꾸고 잠이 들 거야

떨리는 손으로 끌어안을 때
기쁨 넘치는 맑은 미소 샘솟듯

꿈속에서 본 인화될 수 없는
영상 속에 있는 그대인 것을

시곗바늘

언제나 반복되는
세월에 허덕이는 초침
휴식 취할 날이 없다

고요한 틈새로 파고드는
이야기 쉬지 않는 곡예사처럼
또다시 하루가 지나간다

동백꽃

갈매기 울음에
그 섬으로 가고 싶다

입김으로 불었다 놓은 섬
자연의 조화 붉게 타오르고
발가벗은 알몸 같은 섬

바람 타고 넘는 몽돌밭
동백꽃은 한없이 피고 지고
파도는 춤을 춘다

아내 사랑

행복으로 사랑을 안고
진종일 말 한마디 하지
않던 당신이어라

다정스레 표현하지 않는
나날들 당신 맑은 표정
가슴속에 늘 생수가 흐른다

봄바람 같은 위로에
말 없어도 늘 지켜 주는
당신 있어 모든 것 잊고 살아

따스한 봄날 같은 당신
가슴속에 영원히 묻히고 싶다

인생 별 것 아니지

축 늘어진 오후 햇살
씻긴 영혼들을 불러 모은다

육신은 흙으로 돌아가고
색깔이 깊어만 가는데

저마다 일어서는 생명들이
감자처럼 줄줄이 달고 나와
세상을 쥐었다 폈다 한다

평생 쥐었던 주먹 훌훌 털고 나면
사람답게 잘난 사람 못난 사람
다 같은 동반자일 줄이야

연꽃

달빛에 사무친 그대
연정 붉게 피어나는 모습

가슴 부풀어 두근거리며
어떤 유혹도 함께하지 않는 인생

궂은 세상 홀로 때 묻지 않는
늘 푸른 마음 둥둥 떠 있는
행복한 여인이다

표정

바람의 흔적 남기고
잠이 들어 어디로 가는 걸까

행적을 남기지 않은 채
모르는 생각이 오고 있다

시간은 숨가쁨에 애태우고
안타까운 표정만 남았다

별 밤에 띄우는 편지

그대와 함께 별이 되고 싶다

가슴에 가득 찬 그리움이
뼈 속 깊이 스며들어도
그대를 기다리고 있을 테니까

당신은 허공 중천에
떠 있는 별이니까

그대 하얀 미소 지으며
세상 걱정 다 잊고서 오늘도
별밤이 그리워서

4

계절을 사이에 두고

못다 한 사연

외로움을 벗는 시간
발목 잡힌 석양에 그리움이
서려 있다

어둠이 창가에 내리면 그대
야윈 몸매 스쳐 지나가고

사랑했던 아픔
나목처럼 쓸쓸함 보이는
그대 발길 찾아 한없이 걷고 싶어

마음속으로 피는 행복이
찾아온다면 꿈을 키울 거야

낙숫물 소리

아름다운 여인
그 소리를 듣고 있다

임이 부르는 소리
어느 작곡가의 리듬일까

예쁜 소녀 피아노
두드리는 소리가 외롭다

차가운 대지에
내리는 임의 소식
똑똑 떨어지고

알 수 없는 저 소리
지금 곧 봄이 오는 길목
내 마음 깊은 곳에도

백설

바람처럼 살아온
자국 위에 남겨진 풍경

하얗게 지워가는 그리움
밤새워 고백 못한 푸념
쌓여만 가고 있다

가을 연가

이 밤 가슴 열지 못한
젖은 사연 이름만 안아 본다

기억 속에 잊어보려고
묻어 둔 주소 하나가
동공에 자리 잡고 있을 때

내 안에 꽁꽁 묶어 놓은
편지를 받아 본다면

미소 짓는 그날에
발자크가 쓴 에블린 한스카의
편지를 사랑하는 당신에게
보여 주고 싶다

일기장

깊은 밤
마음속에 차오르는
설움 봇물처럼 와르르 무너지는
일상에 번지는 숨소리들

지난 삶의 이야기가 꿈틀거리며
가슴속에 안개처럼 그리움만 쌓여 간다

편지

기억 속으로 모아 둔
추억을 빈 여백에 쓰고 있다

흘러간 시간 속에 퇴색된 한 장
사진처럼 그리움이 피어나다

마음에 새겨진 한 장에 편지가
희망으로 사뿐히 내린다

그 사람

그 노트에 하얀
눈물 자국만 남았다

밑줄 긋고 오래된 말은
가슴속에 묻어 두고

어둠 속에 마음을
대지에 펼쳐 놓으면
그대 향한 변함없는 마음

야윈 가슴에 미소 진
나를 반겨 줄까

주님

고난의 십자가는
꺼지지 않는 태양입니다

외로울 때 늘
함께한 참사랑

가난한 시간들
주님 말씀 한마디가
보석처럼 반짝입니다

멀리 날 수 있는
정제된 삶이 숨 쉬며
주님은 나의 향기입니다

고향이 그립다

돌이킬 수 없는 깊은 시간
페이지 속으로 숨어들다

숙제도 풀지 못한
인생 허공에 걸려 있는 모습

깨어나지 않는
숨찬 고통으로 허물어지고

세월 속에 아픔으로 살아온 인생
고향이 그립다

감기 증세

울대에 막힌 시동이
봄날 끝에 요동친다

코끝에 새어 나오는
음표 한 옥타브 올라가고

목젖에 걸린 리듬
빠르게 지나가는 고통

목덜미에 걸린 하루
삶에 피로가 몸살을 앓고 있다

남북정상회담

그 먼 시간
가까이 오고 있다

어둠 속에 묻어 둔 세월
크나큰 희망에 응어리
풀어내는 봄의 기다림

만나기 위해 빗장을 열고
닫힌 문 활짝 열어라

평화의 길
한라에서 백두까지
오고 가는 길
꽃길을 만들자

나비 한 마리 평화롭게 날고 있다

눈을 감으면

보이지 않는 그 사람
그림 속에 터치해 본다

이해할 수 없는
그 사람 조개껍데기처럼
입 다문 세상

유리창으로 잠시 엿보았을 때
희미한 모습 남기고 간 그 사람

기다리는 세월의 사연
사랑이 떠난 뒤에 이야기들

내 마음속에
언제 꽃망울이 터질까

낙엽

마음 희미해진 그날

밤새도록 앓아누워
가을바람은 알고 있다

그토록 너와 나
돌아갈 수 없는 길

낙엽은 아무 말이 없다

흔적

향기 짙은 기쁨으로
흔적이 남았으면 좋으련만

석양이 가릴 적에
그대를 사랑하고 싶다

꽃을 피운다면 마음에
그 사람 사랑에
날개를 달고 낙하하는 중이다

추억에 젖어

추억을 연필로 그리면
어렴풋이 보이는 그 사람

얼룩진 세월은 여백에
그리움으로 되살아나고

희미하게 채색되어
애틋한 사연 그대와 나
연분홍빛으로 번져 가고

청초한 눈빛 화선지에
진하게 그려 넓은 마음도
함께 담고 싶다

코로나19

꿈을 하나씩 떠나보내는
허공 중에 떠도는 악마

절망의 수렁 속에 어두움을
찾는 더럽고 추한 물정 모르는
정객이다

어딘지도 모르는 고갈된 생존
끈적끈적한 감각 비비적거리고
몸부림치는 삶

동공 풀린 눈동자에
주린 개밥 그릇을 핥고 있다

질퍽하고 끈끈한 삶이
툭툭 부러지고 있다

시의 풍경

구름처럼 흘러가는 세월
겨드랑이 사이로 시간은 지나가다

밑줄 친 낱말에서 달콤한
밀어 허공 사이로 둥둥 떠 있고

두근거리는 가슴에 나의 시가
새가 되어 자유로이 비행하는데

눈앞에 날아든 문장을
놓치지 않으려고 마음 자락에
서서히 끌어당겨 본다

5

자연에서 숨 쉬다

능소화

별이 쏟아진 밤
붉게 상기된 얼굴이여

하늘에서 내려온
아름다운 머리칼 부드럽게
내린 그 모습

얽힌 사연 내려놓고
못다 한 말 애틋하게
그려내는 여인

은밀한 대화로 속삭이는
사연 가슴에 묻어 둔다

살다 보면

사랑하다 미워지면
가슴에 구덩이 하나 파 놓고
깊이 묻어 두고 살아야지

잡초 같은 미움이 일어나면
고개를 들지 못하게 꾹꾹
밟아 가며 살아가는 것

서로 힘겹게 사랑하다
미움이 자라나면 흐르는
강물에 씻어야지

꽃무릇

한 송이 꽃으로
외롭게 피고 싶어라

피는 꽃 아름다워
만날 수 없는 사랑 이야기로
탐스럽게 타오르는 모습

함께 있으면서도
만나지 못하는 정분이라

계절에 익어 가는 애틋한
사연 많은 그대 몸짓에

이룰 수 없는 사랑
이야기 속으로 진행 중이다

노을

인적 끊긴
풍경소리 돌아올 줄
모르는데 사랑채에 그녀
얼굴빛이 익어 간다

땅거미 내리는 밤은
깊어만 가고

달빛 별빛 보고 싶어
허공만 쳐다본다

달맞이꽃

지금도 피고 있다

달빛에 피는 몸짓
피어나는 미소가 아름다워

별밤 빛나는 시간 너와 나
손잡고 마음껏 사랑하다

수줍은 아침 헤어짐이 싫어
고개 숙인 꽃이다

앞에 선 그림자

마음 내려놓고 기웃거리다가
기다림에 지친 가슴이다

사랑을 매달고 바람에 다치지 않게
그대 보듬고 선 그림자

언제나 그 자리에 있는지
제발 묻지 말고 기다리지도 않는

색깔 진한 사람보다 늘 챙겨주고
좋아한다 말하지 못해도 싸매고
보듬는 그 사람을 만난다면

포도

어머니처럼 포근한 얼굴
입 다물고 있는 표정

한줄기 울어대는 아기에게
젖을 꺼내 물리다

바람 잘 날 없는
어머니의 사랑 같은 모습
통통하게 익어 간다

후회

달 밝은 깊은 밤
그림자를 베고 누웠는데

이놈!
차라리 허공을
베고 누워라

잃어버린 시간

양지 바른 우리 집
국화꽃이 목을 놓고 울고 있다

잃어버린 시간 줄지어
반짝이는 은하수 사이로 흐르고

형체 없는 소리들이
빨래 줄에 펄럭일 때
바람과 안개 허공에 맴 돈다

겨울 연가

달빛 읽는 소리가 가슴에
가득 차면 사랑 고백들이
하나둘 되살아난다

마음에 새겨진 그대 모습
밤마다 기억에 잠겼다가
가슴에 찍힌 자국들이 남아

그리움이 홍건해질 때
몸짓 조이고 욕망과 그리움이
나란히 서 있어

창백한 햇살에 번지는
그녀 모습 몸 안에 가득하다

자화상

쉼 없이 시간은
허물어져 가고 있다

스멀스멀 멀어지는
마음에 어둠이 깔리고

달아나는 세월은
고단한 잠을 청한다

기다림

하나둘
쏟아지는 시간
외롭지도 않은 날

초승달 밤
당신을 기다리고 싶다

사랑은 그네를 타고

곤히 잠든 그대 마음속에
미소가 번진다

그녀 마음 새싹처럼 돋아나고
뽀얀 꽃봉오리 첫사랑 설렘 속에
수줍은 미소가 흐른다

하얗게 밤을 지새운 당신과 나
와인 향처럼 달콤한 사랑이
별빛같이 빛나는 눈동자

내 사랑 살포시 날아와
안기던 그날 밤처럼

밤에 쓰는 시

가슴 아리도록
슬프게 뜨는 달

창밖 하롱대는
구름 물결 잘게 으깨진
진물처럼 몰리는 밤

잠든 바람처럼
철없이 앉아 웃다가 구름처럼
넘어가고 싶어

푸른 시 한 권 꾸며 내는 일
늘 안개 가득한 생이다

오시는 길

애간장 녹이던 하얀 시간
바람길 따라 언제 오시는지

오시는 목소리
어디선가 들려오는 메아리
마음에 그리움으로 자리 잡고

비워 둔 자리 그 사람
목소리 마술에 걸린 듯 가슴에
안긴다

언덕배기 자드락길을
땀 흘러가듯 잔잔한 미소로
다가오고 있다

가슴에 부는 바람

몸이 익어 갈 때
무지개가 다리를 놓고 있다

꿈의 높이도 낮아지고
욕망 없는 마음은 피어나고

말라 버린 가슴에
부는 바람 흔들릴 때
한숨 몇 올 잠시 꿈을 꾼다

안개 속에 묻혀 있는
여백에 꾸역꾸역 걸어가고 있다

석류 · 1

저녁놀은 그녀 등을 타고
쓸쓸한 눈매 마주할 수 없는
그 사람

풍경은 살아 있고
봉긋한 가슴은 아직 푸르다

젖은 목소리 바람을 애타게
찾는 또 하나의 절규

가을바람에 매달려 인연의
끈을 지우는 햇살에 말라 붙어

그대 입맞춤에 터진 입술
새콤토록 또 터질까

석류 · 2

수줍은 햇살 허공을
향해 뛰어 오르는 석양

그녀 분단장 관능적인
모습 아름답고 향기롭다

연한 쌍꺼풀 내 누이처럼
귀여운 모습 동공에 쌓이고

붉게 익어 간 그 사람
얼룩진 손이 거칠다

윙크하는 미소는 세월
속으로 끌려가다

앵두꽃

연분홍빛 짙은
당신을 보고 있노라면

터질 것 같은
기억의 무딘 가슴
훨훨 날려 보내고

하얗게 물든 마음
겹겹이 쌓여온 지금
잊을 수 없는 그 사람

잡초

상한 얼굴빛 드러나도
쓰러지지 않고 활짝 웃고 있다

얼룩진 뒷모습 구멍 난
생계에도 불평 없이 살아가다

마음 어느 곳에 당당하게
벌거벗은 채 견디다

바람결에 누웠다 일어서는
오뚜기 인생이다

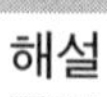

해설

사랑을 통한 인간과 자연의 조화로운 생명의 소리

- 배제형 시인의 시 세계

박동규(문학평론가·서울대 명예교수)

'자연을 스케치하며, 사랑을 노래하는 삶 속에서 시가 걸어 나왔다.' 배제형 시인 그의 시집 서문에서 밝히고 있다.

이 서문은 그의 시가 자리하고 있는 주제적 총체를 아우르는 고백이 되고 있다. 배 시인의 시편들은 대부분이 사랑이라는 테마를 통해 자연스럽게 유로하는 감성의 반응을 다듬어 노래화하고 있다.

어린 시절 냇가에 앉아 떠가는 나뭇잎 하나에 편지를 써서 알 수 없는 어느 세계의 사람에게 다정한 소식을 전하는 것처럼 그런 소박하고 순진한 삶의 정신이 묻어나고 있다. 나는 배 시인의 시편들을 읽어가는 동안 그는 시골에서 자연을 즐기며 살아가는 그가 만든 아름다운 숲과 꽃과 물이 흐르는 강과 그리고 구름에 둘러싸여 있는 소탈한 모습으로 다가와 있는 것을 느낄 수 있었다. 그러기에 그의 시에 대한 접근은 노래처럼 아무런 장애 없이 그가 호소하고자 하는 것에 어떻게 더 가까이 가야 할까 하는 생각에 관심을 두고 있다.

1. 서정적 자아와 사물과의 대면

배 시인의 시 '능소화'를 보면 그가 얼마나 깊이 꽃이 주는 감성의 반응을 찾아내고 있는가를 잘 알 수 있다.

별이 쏟아진 밤에
붉게 상기된 얼굴이여

하늘에서 내려온
아름다운 머리칼 부드럽게
내린 그 모습

얽힌 사연 내려놓고
못다 한 말 애틋하게
그려내는 여인

은밀한 대화로 속삭이는
사연 향기롭기만 하다

-「능소화」 전문

이 시는 능소화를 의인화하고 있다. 이 의인화의 방법은 서정시를 드러내는 한 방식인 동일성(同一性)의 시각으로 볼 때 자아와 사물의 일체화라는 형식을 통해 시인의 전망을 융합시킨 것이라 할 수 있다 '별이 쏟아진 밤에/ 붉게 상기된 얼굴이여' 하고 능소화를 그려낸 것은 한 여인의 얼굴에 담겨진 상기된 표정에 초점이 맞아 있다.

이러한 상상은 능소화를 연으로 끌어오는 것이지만 이 상상 속에 '별이 쏟아진 밤'을 주목할 필요가 있다. 붉게 상기된 얼굴이 능소화가 지닌 인상이라면 이 인상의 확대된 공간은 별이 쏟아진 밤이다. 이런 밤이면 별빛에 젖은 꽃들에게서 받아들이는 마음의 세계는 독특한 시인만의 감수성을 통해서 자아와 사물사이에 정서적 일체감을 자아내게 하는 것이다. 그래서 시인은 '이여'라는 감탄 어미를 달게 한 것이라 여겨진다.

이어서 시인은 '얽힌 사연 내려놓고/ 못다 한 말 애틋하게/ 그려내는 여인'을 그려낸다. 이 여인은 시인의 여인이다 마음에 품고 쏟아내지 못한 사연으로 해서 애틋하게 느껴지는 여인은 이미 그가 알고 있는 여인의 형태가 아니다. 능소화를 통해서 상상으로 그려낼 수 있는 여인일 뿐이다 그리고 이 여인은 향기로 사연을 보내고 있다.

시인은 그가 그리는 여인상을 능소화를 통해 만들어 낸 것이다. 흔히 서정시에 있어서 서정적 자아라고 하는 자아의 새로운 감성적 이해는 바로 시인의 꿈이 낳은 현실이다. 「능소화」는 이런 시의 시작에서 창출된 하나의 대상이 되고 있다

이와 같은 시인의 시각은 시간의 공간을 찾아 그 안에 존재하는 흘려보낸 시간이 가져온 공허감을 그려내고 있다. 「연꽃」이라는 시를 보자.

달빛에 사무친 그대
연정 붉게 피어나는 모습

가슴 부풀어 두근거리며
어떤 유혹도 함께하지 않는 인생

궂은 세상 홀로 때 묻지 않는
늘 푸른 마음 둥둥 떠 있는
행복한 여인이여라

-「연꽃」 전문

이 시도 연꽃에 시인이 꿈꾸는 여인상을 투사(投射)하고 있다. 시인은 그가 꿈꾸는 이상형의 여인상을 그대로 연꽃에 옮겨 놓고 있다. 특히 주목해 볼 점은 삶에서 만나는 수없는 고난과 역경의 순간 속에서 이를 극복해 갈 수 있었던 것은 유혹이라는 흔들림이다. 이 유혹은 시인이 밝히듯이 인생이라는 긴 시간을 견디어 나가기 위해서는 꼭 있어야 하는 혈액처럼 언제나 자정(自淨)의 성찰이 있어야 하는 것이다. 또 '때 묻지 않는 푸른 마음'이다. 현실 세계에서 때 묻지 않는다는 말은 이상적이라고 할 수 있다. 그러나 행복한 삶의 본질에는 자정의 성찰이 빠질 수 없는 것이다. 시인은 바로 이 두 가지를 행복이라는 틀안에 두 기둥으로 받치게 하고 이를 연꽃의 형상에 옮겨 놓고 있다. 배 시인의 시에 있어서 사물에 투사된 형상의 창조는 그가 삶의 전망과 연결하여 볼 때 그만의 시 정신을 이루는 것이라 할 수 있다

양지 바른 우리 집
국화꽃이 목을 놓고 울고 있다

잃어버린 시간 줄지어
반짝이는 은하수 사이로 흐르고

형체 없는 소리들이

빨래 줄에 펄럭일 때
바람과 안개 허공에 맴 돈다

-「잃어버린 시간」 전문

이 시는 비유의 표현양식을 통해 지나간 시간의 회상을 보여주고 있다. 잃어버린 시간은 마당에 핀 국화꽃에서 촉발한다. 이 회상은 '국화꽃이 울고 있다'라는 시각에서 청각으로 변환의 이미지를 타고 전개된다. 그리고 이 시간은 '반짝이는 은하수 사이로' 흘러 떠돌다 '형체 없는 소리'가 '빨랫줄에 펄럭이는' 형체로 변할 때에 시간에서 느끼는 감성의 허망함은 바람과 안개에 섞여 사라지게 되는 것을 시인은 그려내고 있다. 시인은 잃어버린 시간을 말하고 있지 않다. 국화꽃의 울음에서 얻을 수 있는 환상이라든가, 반짝이는 은하수와의 거리와 자아와의 거리라든가 빨랫줄에 펄럭이는 소리가 주는 시간의 유동이 주는 감성적 호소를 제시하고만 있다. 이는 시인 자신이 살아온 과거적 삶 속에서 기억의 창고에 갇혀진 잃어버린 것들 속에 애틋하고 안타까워하는 것들이 마치 목화꽃 속에 따뜻함이 숨어 있듯이 그런 느낌을 전하고자 하는 것이다. 이는 서정적 자아의 서러움 혹은 잃어버린 시간이 주는 공허함 같은 것을 느끼게 해주고자 하는 시인의 의도가 숨어 있는 것이 아닌가 생각된다.

2. 사랑 시가 지닌 생명에 대한 경외와 그 파장

배 시인은 그의 시집에 실린 시편에 사랑 시라고 불려질 시편들을 많이 담고 있다. 이는 그가 삶의 밝은 본질을 바라보고 그 안에 담긴 아름다움을 찾아내려는 심성이 그의 시에 깔려 있기 때문이라고 할 수 있다. 그는 현실에서 빚어지는 삶의 치열한 대립이나 이에 대한 원한의 갈등을 벗어나 이를 화해와 조화의 높은 수준의 조망의 자리에 현실 안에 숨어 있는 참다운 인간다움에 대한 연민과 포용 나아가 생명가치의 위대함을 추구하고 있다. 그는 세계를 바라보는 세계관이나 시 정신과 같은 정신세계의 체계를 시에 반영하기 위해서 시에 몇 가지 장치를 보여주고 있다. 이 장치로 첫 번째 선택이 '사랑'을 주제로 한 시라고 보여진다. 이 사랑은 그를 둘러싼 인간관계에 머무는 것만이 아니다. 사물을 소재로 할 때나 그가 의탁하고자 하는 '주님'을 그려내고자 할 때 확대되어 기독교적 신앙에서 우러나온 사랑에까지 확장되어 있다.

먼저 「포도」라는 시를 보면 어머니에 대한 사랑을 내포하고 있다. 포도의 형상은 어머니의 젖 모양이 된다. 포도는 포근한 얼굴 표정을 가지고 있다. 그리고 아기에게 젖을 물리는 어머니로 번져 가고 있다.

어머니처럼 포근한 얼굴
입 다물고 있는 표정

한줄기 울어대는 아기에게
젖을 꺼내 물리다

바람 잘 날 없는
어머니의 사랑 같은 모습
통통하게 익어 간다

- 「포도」 전문

어머니는 바람 잘 날 없는 삶을 헤쳐가고 있다. 아기는 이 어머니의 젖을 물고 있다. 포도는 어머니의 사랑을 받는 통로인 젖을 형상화 한 것이다. 포도에서 받은 감성적 반응은 사랑을 담은 어머니와 연결한 것은 시인이 어머니와 아기라는 가장 숭고한 사랑의 관계를 이어주는 매체로서 젖을 설정한 것이다.

시인은 이와 같이 사랑이라는 울타리 안에서 함께 기거하는 가족처럼 포도를 가져와 포도에 살을 입혀 주고 있다. 이는 포도를 인지하고 이를 그의 독특한 감각적 감수성으로 여과하면서 어머니와 결합시킨 점에서 볼 수 있듯이 이는 사물을 마치 덜 익은 감을 소금물에 담구어 떫은 맛을 빼고 달콤한 맛만 남기게 하듯이 그만의 독특한 방식으로 변환한 것이다.

둘째는 이 '사랑'의 내용이다. 그가 드러내 보여주는 사랑에는 자아와 시간이나 공간과의 거리가 떨어진 자리에서의 관점을 사용하고 있다. 다음 시를 보자.

그대 목소리는 허공을
맴도는데 목이 쉰 바람은
내 귓전에 맴돌고 있다

그리워하다 열지 못한
마음은 세월에 지우고 남은 흔적
사랑이라는 글자만 남았다

그대 보고픔 돋아나고
기다림 속 그대 웃는 모습

그리다가 아쉬움만 피어나다

아슴푸레 기억에 자리 잡은
그리움 말라가고 눈시울은
이슬에 젖어 있다
-「그리움에 말을 걸까」 전문

이 시의 표면적 기술의 핵심은 그리움에 있다. 그런데 이 그리움은 '가슴은 세월에 지우고 남은 흔적'으로 그리움을 사랑으로 대치하고 있다. 이는 세월이 가버리고 나서야 그 시절의 만남이 진정한 사랑이었음을 고백하는 의미로 해독할 수 있다. 이는 지금 화자는 '그대 목소리는 허공을 맴도는데 목이 쉰 바람은 내 귓전에 맴돌고 있다.'는 의미처럼 그대 목소리와 목이 쉬어버린 결합에서 볼 수 있다 이 구절에서 '쉰 목소리'의 내포는 그대를 안타깝게 부르다가 변해버린 화자의 목소리라고 할 수 있다. 이는 그대와 나 사이 세월이 흘러가서 벌어진 시간의 경과를 의미하고 배 시인은 이 거리를 설정함으로써 사랑의 개체화를 통한 절제된 감정의 표현을 가져오고 있다. 자칫 흘러내려 버리고 말 눈물을 눈에 가두고 먼 산으로 고개를 돌려 눈물을 마르게 하듯이 하지만 이는 흘러내린 눈물이 아닌 속으로 삼켜버린 아픔을 담은 것이기에 상상과 연민이 피어나듯이 그런 형상을 그려내고 있다. 이와 같이 배 시인에게 있어서 살아온 자아와 타자와의 사이에 떨어져 있는 거리에서 유발하고 이 거리는 진한 그리움 혹은 연민의 지향으로 시의 골격을 이루고 있다. 따라서 그의 사랑시는 가득 찬 고백이 아니라 채워지지 않는 빈 자리에 대한 성찰이며 완전함이 아니라 불완전함을 통해 완전함으로 가는 도정(道程)이라 할 것이다

3. 자아 인식과 삶에 대한 감성적 비애

끝으로 배 시인은 가족과의 관계를 담은 시를 보여주고 있다. 전쟁으로 희생되신 아버지를 위한 진혼곡은 그의 어린 날의 삶을 역설적으로 드러내고 있다.

조국 없이 살 수 없는
그 생각은 한평생의 아픔이다

그의 육신 허공에 잠들고 꿈속에
보고픈 눈물겨운 세월이라

하늘에 울려 퍼지는 소리는
잠들은 영혼위에 꽃을 피우고
통곡처럼 쏟다지는 장대비는
임의 진혼곡이다

당신들 때문에

-「임의 진혼곡」 전문

6.25전쟁으로 돌아가신 아버지를 그리는 진혼곡이다. 이 시는 배 시인이 품고 살아온 슬픔이 그대로 담겨 있다. 그의 기억에 '당신들 때문에'라는 나와는 상관 없는 세상으로 해서 겪어야 했던 고난의 비명도 장대비처럼 내리고 있다. 이 슬픔이 어쩌면 서정의 계곡에서 시를 붙잡아야 했

던 숙명 같은 밧줄이 아니었나 상상할 수 있다. 그의 시집 표제가 된 『베토벤 1악장』은 '조각달 서쪽으로 몸을 기대니 잠이 오지 않는 밤'에 그가 홀로 세상을 향해 일어선 영웅의 환상적 승천의 꿈처럼 그가 시를 쓰고 있다는 것을 보여준다.

그의 시는 서정시이다. 이 서정시는 서정적 자아와 사물의 결합에서 항상 멜로디의 흐름이 주는 변전처럼 꿈을 향해 달려드는 나폴레옹의 빛나는 깃발을 노래하는 시를 빚어내고 있다. 뿐만 아니라 이를 지탱하게 하는 힘은 그가 부르는 '주님'의 품안에 있음이 특이하다. 내면적 소리를 다듬어서 시를 창조하고자 한 것은 시의 본령에 대한 깨달음 때문이라고 할 것이다. '좁은 길 천국을 사모하고 가난했던 당신은 진정으로 행복했던 '삶'(「십자가의 사랑」에서) 이었다는 신앙의 고백은 시인이 가고자 하는 길인 동시에 시의 전망에서 얻고자 하는 목표라 할 것이다. 배 시인의 시편에 대한 미시적 관점에서 그의 시집이 한국시에 이바지할 것을 기대하며 시집 발간을 축하한다.

배제형 시집

베토벤 1악장

2020년 8월 05일 초판 인쇄
2020년 8월 10일 초판 발행

지은이 / 배제형
발행인 / 강병욱

발행처 / 도서출판 교음사

03147 서울 종로구 삼일대로 457 수운회관 1308호
Tel (02) 737-7081, 739-7879(Fax)
e-mail / gyoeum@daum.net

등록 / 제 2007-000052호

* 잘못된 책은 바꾸어 드립니다.　값 10,000 원

ISBN 978-89-7814-785-9　03810

이 도서의 국립중앙도서관 출판예정도서목록(CIP)은 서지정보유통지원시스템 홈페이지(http://seoji.nl.go.kr)와 국가자료공동목록시스템(http://www.nl.go.kr/kolisnet)에서 이용하실 수 있습니다. (CIP제어번호 : CIP2020032825)

- 이 도서는 한국예술인복지재단의 창작준비금을 지원받아 제작되었습니다.